U0119381

CHAPTER 

隋

隋

西元 581 年楊堅篡北周稱帝，國號：隋，定都在今陝西省西安城東南一帶，當時爲新築的大興城。楊堅一族本來和西魏、北周就有密切的關係，父楊忠，曾隨宇文泰在關西起兵，爲西魏開國功臣，位至柱國、大司空、隋國公。堅女爲北周宣帝皇后，宣帝死，靜帝立，楊堅攝政總攬朝事，都督中外諸軍事，並受封爲隋王。西元 581 年楊堅廢靜帝自立，國號：隋，年號：開皇；於開皇九年（589 年）滅陳，結束了自西晉以來三百年分裂混亂的局面，全國重歸於統一。

隋文帝是中國歷史上以節儉著稱的皇帝，雖勤政愛民，可惜生性猜忌，刻薄寡恩，不肯接納諫諍，因受皇后影響，輕廢太子，改立次子楊廣。楊廣好大喜功，奢靡狂暴，終至文帝被弒，國敝民怨，使隋覆亡。所以文帝易儲，實是一大失策。

仁壽四年（604 年）楊廣即皇帝位，是爲隋煬帝。他即位後，就大興土木，開運河、築長城、修御道，建洛陽新宮，又在各地廣建離宮，廣徵民役，造成農村經濟萎縮和民怨沸騰。

大業七年開始大動亂，九年四月禮部尚書楊玄感在黎陽起事，以解救百姓爲號召，響應他的有十餘萬人，雖然楊玄感沒有成功，但從此全國各地群雄並起。煬帝見亂事不可收拾，便在大業十二年第三次南幸江都，恣情享樂，不思北歸，想在江南偏安，準備遷都丹陽（南京），被思鄉的關中軍右屯衛將軍宇文化所弒。

大業十三年（617 年）太原留守李淵乘全國動亂之際於太原起兵，先取長安，擁立煬帝孫代王侑爲皇帝。是爲恭帝；第二年，煬帝被弒傳至西安，五月，恭帝禪位給李淵，隋亡。隋立國共三十八年。（西元 581 ～ 618 年）

隋文帝。（閻立本 繪）

隋煬帝。（閻立本 繪）

迷樓故園：
揚州觀音山麓，即為隋煬帝迷宮故址，煬帝死後迷宮被兵火所毀，後建為鑑樓。圖為迷樓舊址及周圍風光。

▲ 大運河風光：
運河連接南北長達一千八百公里，是古代偉大工程，以隋代之開鑿最可觀，河內船舶相貫而行，首尾相接數里不絕。本圖為運河起點杭州魚市場橋。

◀ 揚州名園：瘦西湖。

隋的錢幣：

置樣五銖：（A.D.581）

隋文帝即位以後，即開始整頓幣制，沿襲西魏五銖的形制，另鑄「隋五銖」。《隋書．食貨志》：「高祖即受周禪，以天下錢貨輕重不等，乃更鑄新錢。背面肉好，皆有周廓，文曰『五銖』，而重如其文。每錢一千，重四斤二兩。是時錢既新出，百姓或私有鎔鑄。三年四月，詔四面諸關，各付百錢爲樣。以關外來，勘樣相似，然後得過。樣不同者，即壞以爲銅，入官。……」這就是我們現在所說的隋「置樣五銖」。

「置樣五銖」，製作和西魏大統十二年的五銖一樣，但文字不同。主要分別是「五」字，這種五銖的「五」字中間交叉成圓曲型和上、下二橫劃相接，「五」左旁也有一豎劃。這種錢沒有大型的，錢徑一般在2.3厘米，重約2.6克。青銅製造，但也有像史書中所趨摻以錫鑞而成白色。可參見：（大隋特使節上大將軍王士良墓）出土資料，（王士良葬於隋開皇三年）。（黨順民〈魏至隋五銖錢演變漫談〉）《陝西金融》223期。

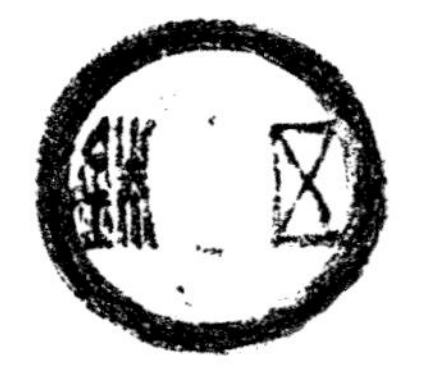

22.0mm　2.7g
西魏大统十二年的五銖。
左：金字右傾。
右：五字交叉成直線。

22.5mm　2.6g
隋置樣五銖。
左：金字正直。
右：五字交叉成圓曲。

（大统五銖）

（置樣五銖）

CHAPTER 

唐的開創

唐的開創

唐的開創者李淵是西涼國主李暠的嫡裔。祖父李虎曾與宇文泰同仕西魏，被賜胡姓大野氏，到楊堅任相國時方纔恢復李姓。隋代建國李家和隋帝室有親姻關係，頗受信賴，李虎被追封唐國公，故當煬帝末年，天下亂起，得被委任爲太原留守。

隋大業十三年，李淵部將王仁恭、高君雅與突厥交戰失敗，煬帝在江都聞訊，派員前往太原扣押李淵問罪，李淵大懼，乃舉事，此時北方無主，李淵先結援突厥，免除後顧之憂，鞏固關中，乘機舉兵入長安，擁立煬帝孫代王侑爲帝；等煬帝被害，他又廢帝自立，定都長安改國號：唐，建元武德是爲唐高祖。

李淵爲人寬厚，富有才略，起兵之後，指揮作戰有方，又能除隋苛政，終於撫定天下。唐高祖有四子，即建成、世民、玄霸、元吉，立建成爲太子，（玄霸早死）；三子中，以次子世民天生才武出眾，唐室創業他居功第一，遂有奪嫡的企圖。武德九年，長安「玄武門事變」後，八月傳位世民，次年改元爲：貞觀。

太宗即位之後，勤於求治，事事以愛民爲本，具有雅量，肯接納忠言，又能廣延人才，知人善任，兼容華、夷平等對待，國勢爲之大振。他在位期間（西元 627 ～ 649 年），國內物阜民豐，天下安寧，對外戎、狄綏服，恩威遠播，諸部落尊他爲「天可汗」。

▲ 唐高祖
▼ 唐太宗

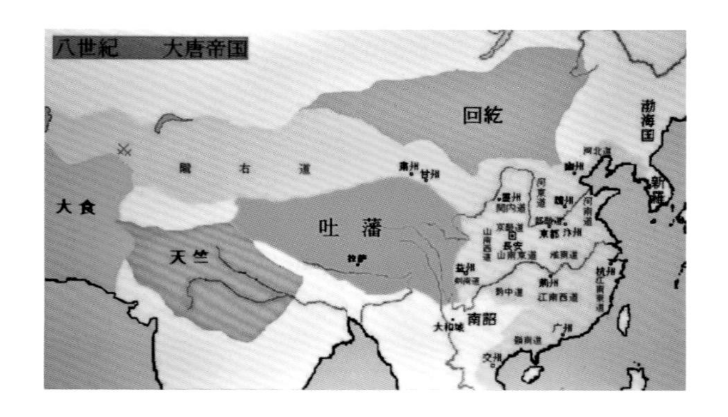

（錄自網路）

唐朝幣制簡述

唐朝的幣制屬於多元化類型。以通寶錢爲主，金銀絹帛糧食同時行用。金銀仍視爲財富寶藏，賞賜和饋贈賄賂等也用。如開元和貞觀年間，多次以金銀賞賜將士臣僚。唐代產金地區較多，《新唐書》列舉 73 州府產金，此外還從海陸兩道大量流入黃金。唐初，嶺南地區通用白銀爲貨幣。唐代金銀以兩爲貨幣單位，多鑄成餅鋌等形使用，幣面均有文字記號。中唐後期，白銀已成貨幣流通中的一種重要貨幣。

唐代還把通寶錢與絹帛作爲法定貨幣並行流通，即「絹值與錢值並重」。所謂絹值，就是用布帛絹縑，按法定規格要求，以匹爲單位，用以衡量商品的價格。凡平贓、計値、計功、作庸均應按絹值計算。開元年間，朝廷多次下令錢帛兼用，違者論罪。還說布帛是本，錢刀是末。凡交易量在 1000 錢以上者應錢帛兼用，嚴禁只收錢。錢絹比價，初唐時，絹價一匹 200 錢。開元（西元 713—741 年）中，官定 550 錢一匹，成爲市價標準。安史亂時，絹價一匹萬錢。大曆七年（西元 772 年）降到 4000，中唐後期跌至 800 文。所以說，中唐時期已形成錢、銀、絹三元化幣制。此外，在某些地區還用實物貨幣或信用貨幣，甚至物物交換，如糧食、家禽等等。

唐錢在名稱上有很大的變革。唐以前的錢幣，差不多都是以重量爲名稱，雖然名稱己和重量不符。比如蜀漢的直百五銖，實重遠遠低於一百個五銖，而許多輕小的五銖，卻不夠分量，然而究竟還保留著銅塊貨幣的痕跡。自唐起，錢幣就不再以重量爲名稱了，而改稱「寶」或「通寶」或「元寶」，或其它什麼寶，並冠以當時年號；貨幣稱寶是有其社會意義，這就是貨幣威力增大了。古代錢幣中也有稱寶的，王莽稱他的幣制爲寶貨制，但那是一時的事。自唐以後，錢幣就名實都成爲寶物而支配人類社會了。錢上鑄明年號，並不是唐朝創始的，兩晉、南北朝己經有了；而且唐朝第一次鑄的錢，並不是年號錢，不過以後的錢，差不多都是年號錢。

唐朝最先鑄，同時也是最重要的一種是武德四年（西元 621

年）的「開元通寶」。開元錢的大小和漢五銖差不多，但規制每十枚爲一兩，意即開元通寶一枚重等於一錢，這是中國衡法改爲十進位的關鍵，從此中國「錢」重量單位名稱即由此而來。

唐武德四年起一直用開元通寶錢，兩三百年間基本上也沒有什麼變動，這在中國歷史上是絕無僅有。這是一種優越的貨幣制度；另外它的成色也有了制度化，唐以前各地鑄幣以及各次所鑄的錢幣，成色不一，到唐朝才有一定的制度，唐錢幣的成色是銅佔83%，白鑞佔14.6%，黑鉛佔2.2%。

唐代文化的高度發展，使唐代貨幣之文化也傳播到外國去。如日本、朝鮮等國，此外，也影響了一些西域的民族，如回紇在安、史之亂時，曾派軍隊助唐平亂，唐王朝贈其統治者摩廷啜爲英武威遠毘伽闕可汗稱號，並把寧國公主嫁給他；他的兒子牟羽天可汗曾鑄造兩面回紇文仿開元通寶的方孔圓錢；突騎施也鑄仿開元式的方孔圓錢，這些錢幣流通了一兩百年；另外還有高昌王麴文泰的「高昌吉利」錢也是方孔圓錢；相對的，外國錢幣也影響了唐代及後來各朝。如：開元錢背月痕，它的紀笵記號「星、月」文也是受回教「星、月」文的影響；西域傳來的金、銀幣，也影響了中國金銀錠形式了改變，金、銀幣在唐雖作賞賜、撒帳、供奉等用途，但它被鑄成和錢幣一樣形狀，應是受西域傳來的金、銀幣所影響，如拜占庭金幣，波斯薩珊銀幣。

唐朝的匯兌叫作「飛錢」。經營飛錢的有商人、有衙門。當時各道的地方政府在京師都有代表辦事處，叫作進奏院，專同中央政府聯絡，自然經常需要錢用。商人們在京師把貨物賣出後，如果不願意攜帶款回家，就可以將貨款交給他本道的進奏院，進奏院發行一張票券，叫作文牒或公據，這文牒或公據分成兩半，一人匯款人，其它半張寄回本道的時候，合券核對不錯，就可以領回貨款。當時的匯款似乎是平價匯兌，不收匯費，政府方面自然要增加些開支。大概因爲這個緣故，或不大明瞭匯兌的好處，竟於元和六年（西元811）加以禁止。（參閱：郭彥崗《中國歷代貨幣》台灣商務印館。彭信威《中國貨幣史》上海人民出版社）

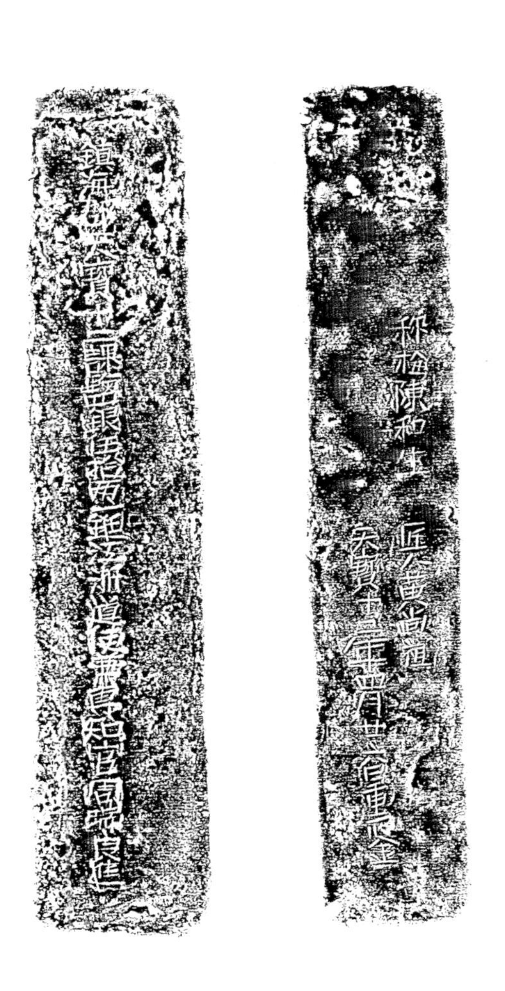

天寶十二年「鎮海郡課鹽銀伍拾兩一鋌」
「江淅道使兼專知官周瑞良進」
長 22.5mm　寬 4.2mm　厚 1.9mm　重 1,889g
（珍 1）

◀「嶺南觀察使并判官 建中二年二月停減課料銀伍拾兩官秤」（珍 2）
五十兩銀鋌。重 2000 克

▶ 金鋌貳拾兩
（錄自：《山西歷代貨幣》）

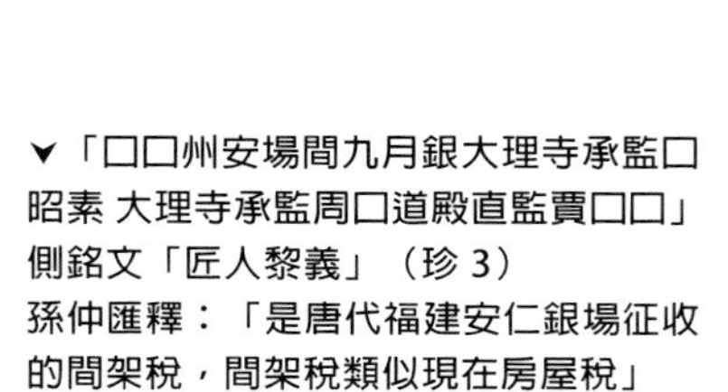

▼「□□州安場間九月銀大理寺承監□昭素 大理寺承監周□道殿直監賈□□」
側銘文「匠人黎義」（珍 3）
孫仲匯釋：「是唐代福建安仁銀場征收的間架稅，間架稅類似現在房屋稅」

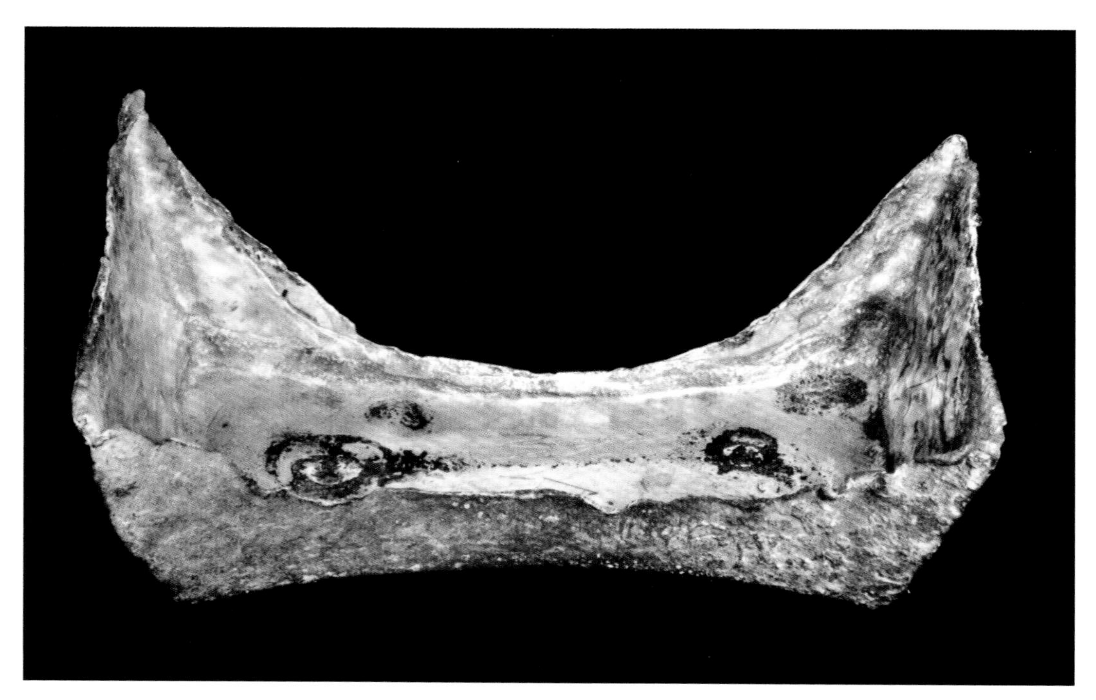

▲ 伍拾兩船形銀鋌
長 192mm　寬 127mm　重 1,824g
背陽文「田土」二字（珍 4）

▲ 伍拾兩船形銀鋌重 1,918.2g（珍 5）

中、晚期的開元通寶：

《唐會要．卷八九會粹》：「詢初進蠟樣，自文德皇后掐一甲跡，故錢上有掐玟。」此說殆不可信，早已被大量的考古資料所否定。這些開元通寶背月痕的鑄幣，大都出現在唐中、晚期，泉家習慣稱爲「月痕開元」。

一、「直畫月痕」：從錢文、錢徑到鑄造工藝，直畫月痕開元與武德開元都極相似。這種直畫隆起到底是模范上殘留的鑄痕？還是人們有意刻留下來的，都還值得進一步推敲。這種直畫月痕開元的始鑄期應在高宗時代。

24.0mm　4.1g

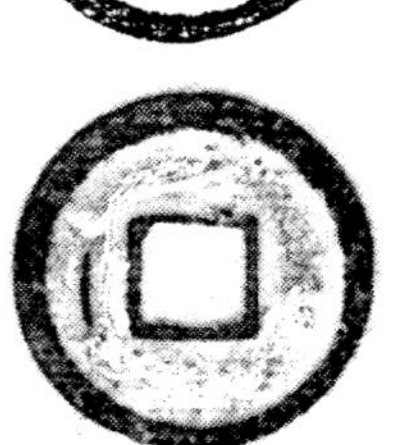

二、「月型月痕」：經資料整理，其內容相當龐雜，大約可分三型。其錢文字體風格上已失去了歐陽詢之書的端莊、勻稱和神韻，但其清秀的筆鋒亦應出自另外名家之手；其錢徑 2.4 ～ 2.5 厘米，重 4 克左右。關於鑄造年代，考古方面所提供的資料顯然在天寶初期。

24.5mm 3.9g

三、「小徑月痕」：錢文風格上和月痕開元相近，但錢徑縮小；錢徑 2.3 厘米，字跡尚清晰，但輪郭不規整，銅質發黑，含鐵量高，應是中唐時期民間仿官鑄產品的一種私鑄開元錢幣。

23.0mm　4.1g

24.0mm　4.1g

四、「對月月痕」：是指錢背的穿上、下或左、右各有一月紋。李孝美曰：
「背文亦有兩甲痕者，銅色黑濁，不甚精好。」
其錢文風格更接近會昌開元。它的鑄造期應判定爲晚唐時民間的私鑄錢。

（對月月痕）

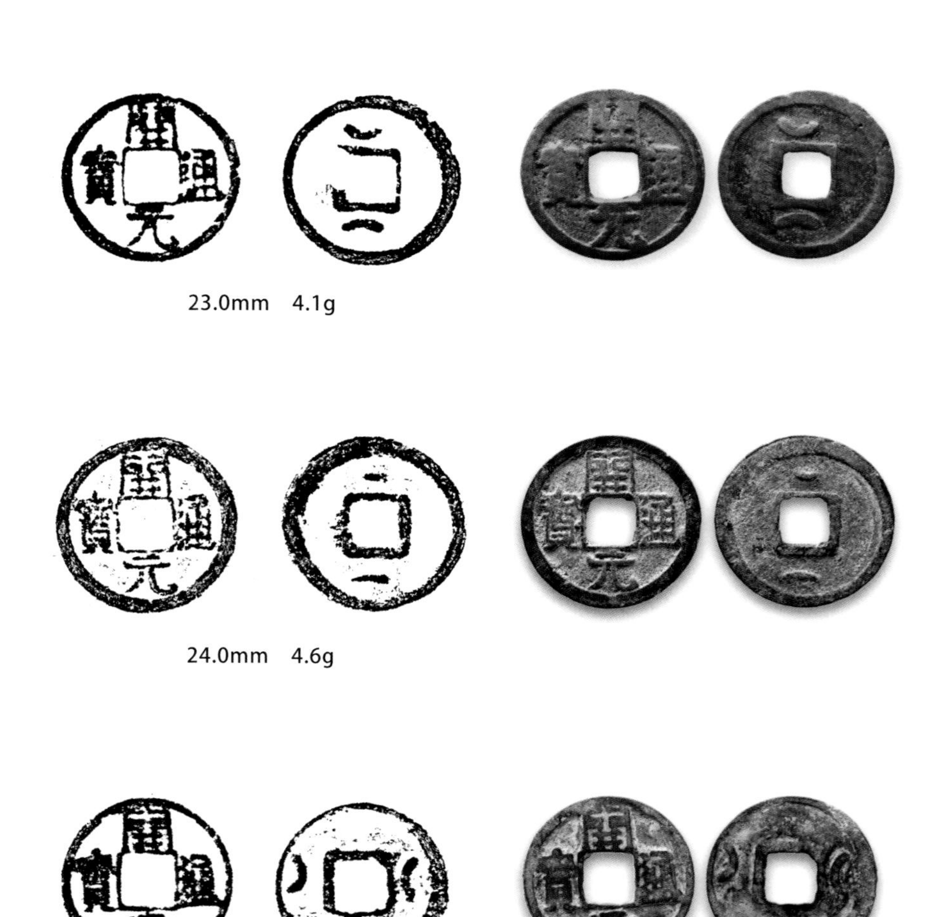

23.0mm 4.1g

24.0mm 4.6g

23.0mm 3.5g

以「通」字而言，有下列變化：

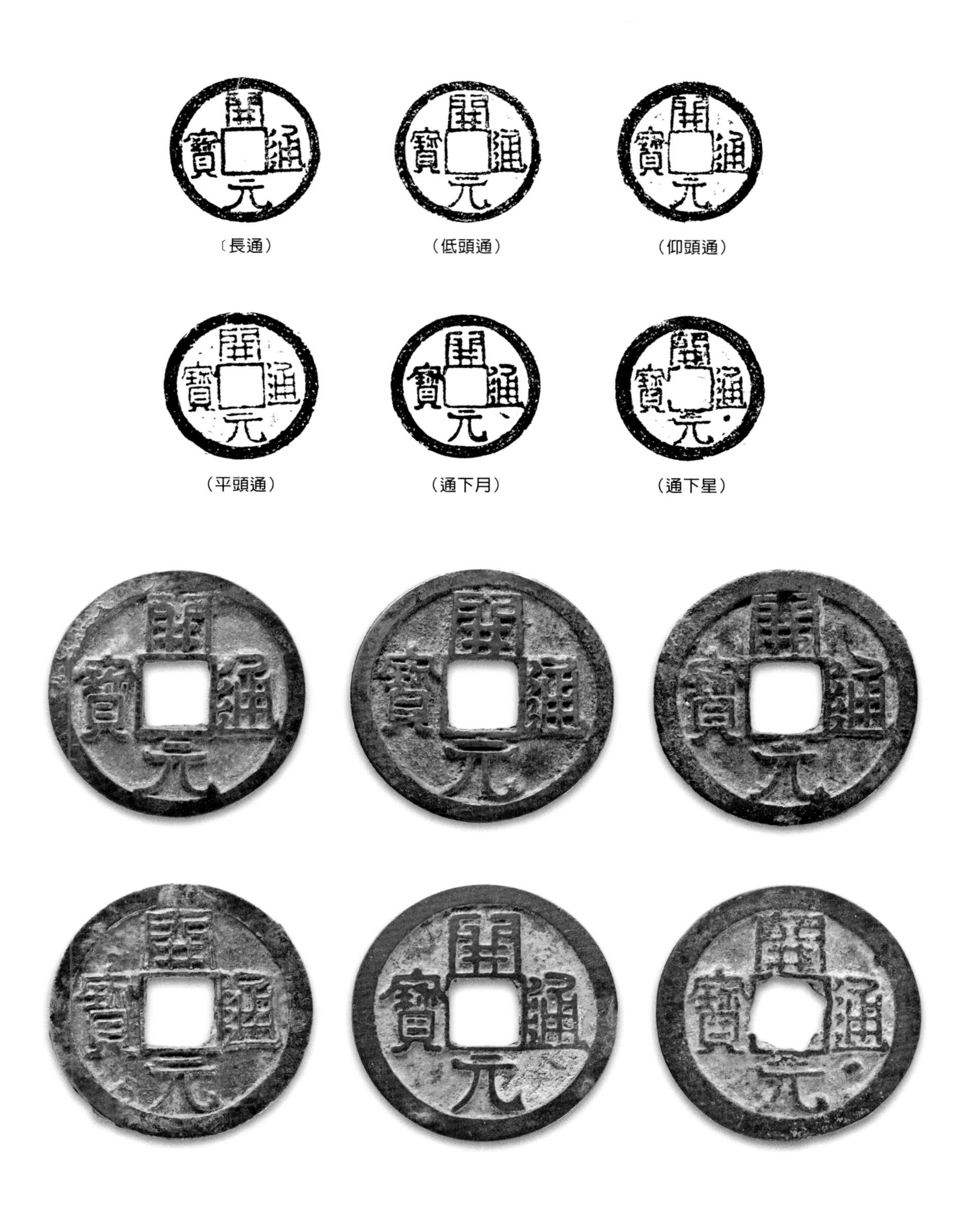

〔長通）　（低頭通）　（仰頭通）

（平頭通）　（通下月）　（通下星）

以「寶」字而言，有下列變化：

（大貝寶）

（小貝寶）

（寶下星）

以「開元通寶」四字而言，有下列變化：

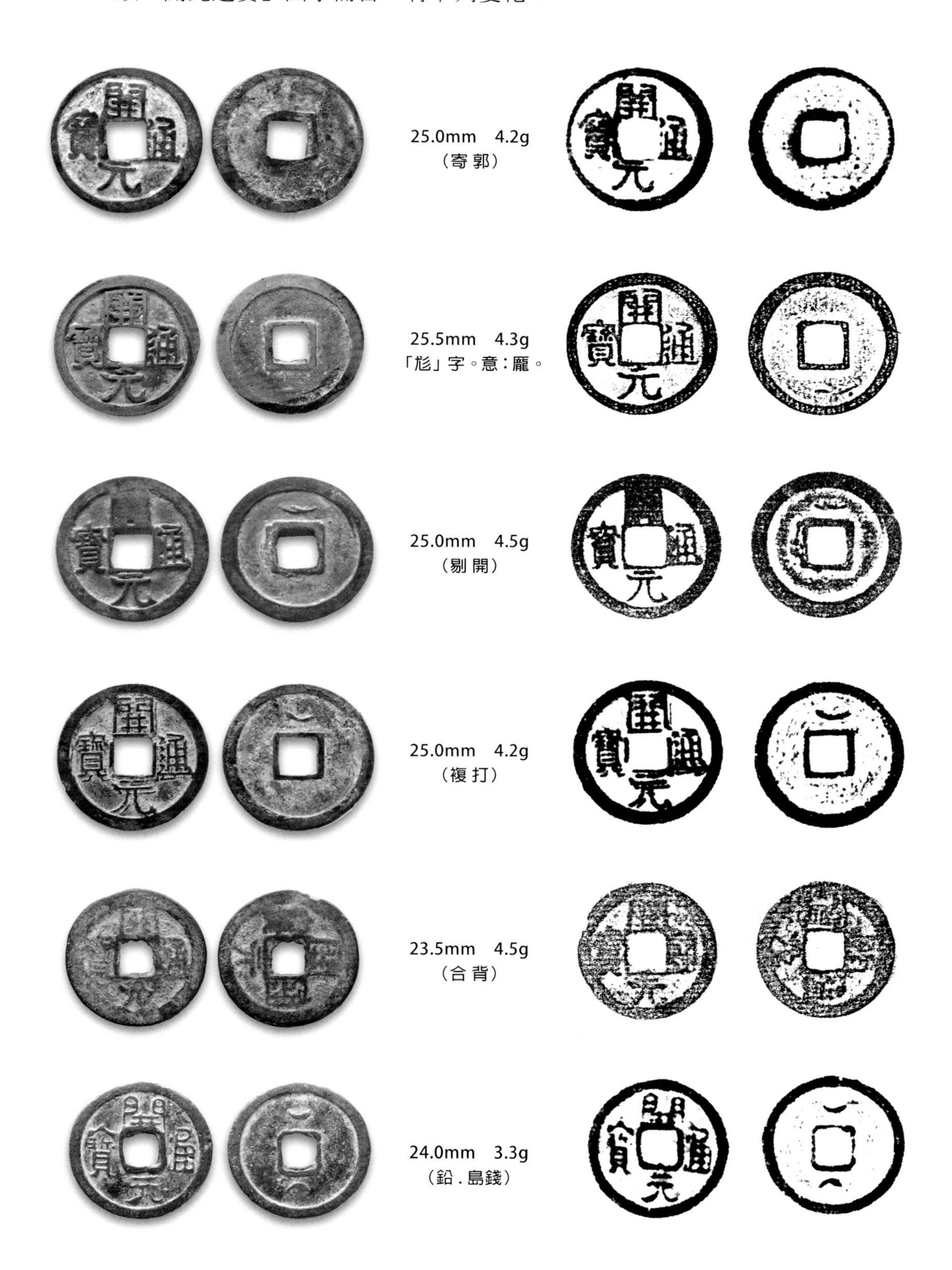

25.0mm　4.2g
（寄郭）

25.5mm　4.3g
「尨」字。意：龐。

25.0mm　4.5g
（剔開）

25.0mm　4.2g
（複打）

23.5mm　4.5g
（合背）

24.0mm　3.3g
（鉛.島錢）

「背文上的變化」：

24.5mm　3.5g
（合 背）

24.5mm　3.5g
（背：上星）

24.0mm　3.5g
（背：孕星）

24.5mm　3.8g
（背：雙月）

24.5mm　3.3g
（背：四月）

26.5mm　4.5g
（背：雙龍紋）（珍 15）

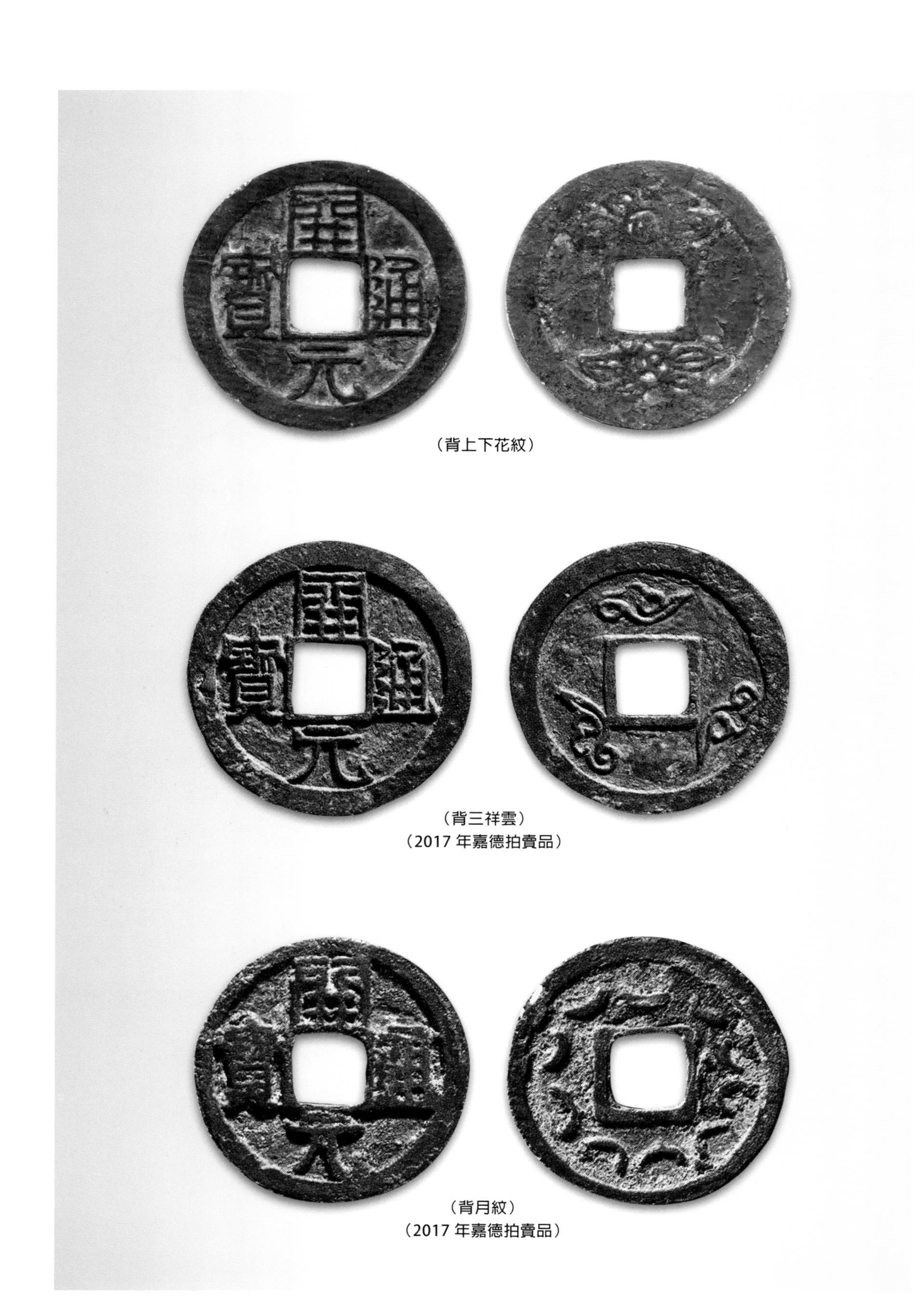

（背上下花紋）

（背三祥雲）
（2017 年嘉德拍賣品）

（背月紋）
（2017 年嘉德拍賣品）

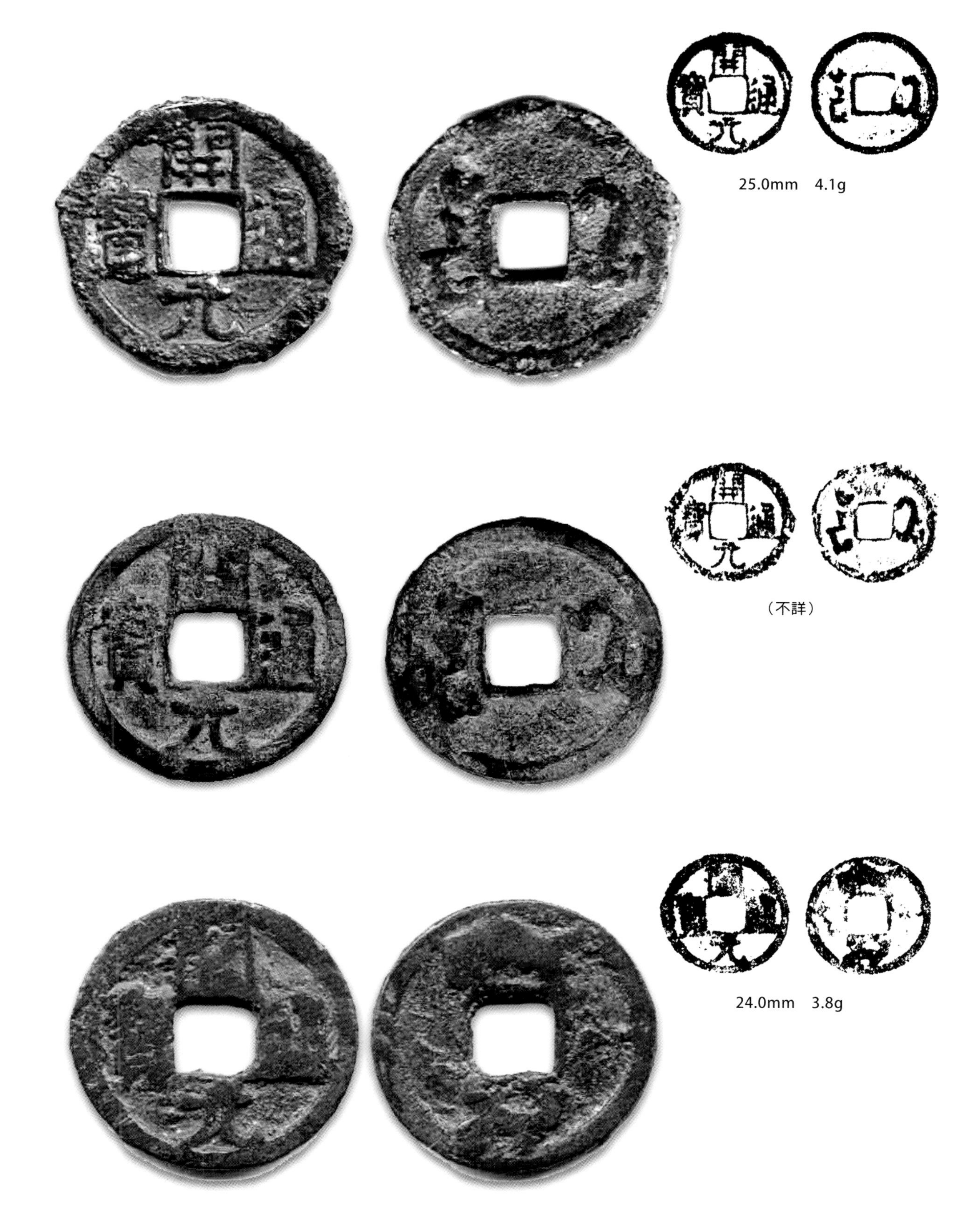

25.0mm　4.1g

（不詳）

24.0mm　3.8g

22.0mm　3.2g
茲泉內法（是漢代西域鑄幣）

26.0mm　4.7g
天子建號（唐代西域軍鑄幣）

龍門石窟奉先寺的釋迦牟尼石像，即是武則天的模擬像，從造像上看，武則天是位神韻清秀的美人。

高宗的乾封泉寶：（A.D.666）

高宗武后時，因內外用兵，財政負擔重，又加上商業發達，需要錢幣增加。官方因鑄錢成本太高，不肯鑄，錢緊缺。私鑄雲起，惡錢充斥，雖用嚴刑高壓也無用。高宗顯慶五年（西元 660 年），官方以好錢一值惡錢五收惡錢，因惡錢作價過低，惡錢反被收藏，改爲一比二也無效。

唐高宗乾封元年鑄「乾封泉寶」的年號錢。每文徑一寸，重一錢一分，每文當開元錢十文。

25.0mm 4.9g
（珍 23）

（2017 年嘉德拍賣品）
徑：26.1mm 26.1mm 26.5mm

《新唐書·食貨志》：「乾封元年，改鑄乾封泉寶，徑寸。重二銖六分，以一當舊錢之十，踰年而舊錢多廢，明年以商賈不通，米帛踊貴，復行開元通寶錢。」這種當十的虛值幣，錢體略大於開元錢。高宗時，奢風漸熾，軍費激增，新錢每文當舊錢十文，商賈百姓爲避免用新錢時蒙受損失，紛紛停止貨賣，並存匿舊錢不出，造成物價上漲；武則天還親自在長安市井中強力推銷此錢，然而百姓不接受，沒有行用一年就廢了。

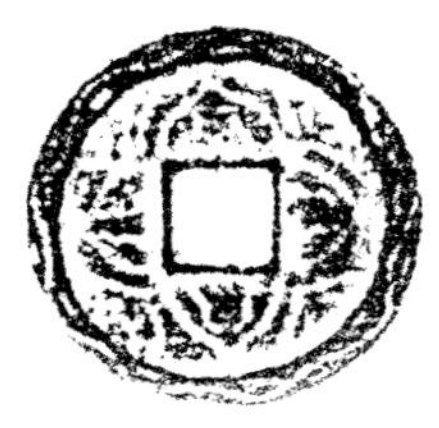

27.0mm 6.0g
（鎏金·刻花）

鎏金刻花錢是使用當時行用錢直接裝飾，也有另爐翻鑄後再裝飾，這類錢徑、重量都會比較大而重。

CHAPTER 3

開元之治

開元之治

中宗復位之後，皇后韋氏受武后干政風氣影響，謀重演武后故事，毒死中宗；這時睿宗兒子李隆基乘機發動政變，殺韋后，擁父復辟。兩年之後，睿宗傳位隆基，是爲玄宗。

玄宗在位四十三年（西元 713 ～ 755 年），前面三分之二的時間爲開元時期，後面則爲天寶時期。開元期間，玄宗留心治道，任用賢能，賦役寬緩，刑罰清平，百姓樂業，戶口增加。不僅國內富安，四裔君長亦競來款獻，長安繁榮空前，「東至宋汴，西至岐州，夾路列店肆，待客饌豐溢，每店皆有驢賃客乘，倏忽數十里，以供商旅。遠適數千里，不持寸刃」《通典．卷七》。近年發掘長安遺址，證實城址周圍有七十多里，城內有東西街十四條，南北街十一條，最寬的朱雀門大街有一百四十米寬，估計當時人口有一百多萬，是八世紀中世界最大的城市，史稱「開元之治」。

但至開元晚期，由於玄宗耽於遊樂，寵幸楊貴妃，將國政委交於私寵李林甫、楊國忠等小人，造成宰相個人的專權，植黨營私，淫侈貪賄，唐代政治因而日益衰敗；加以府兵敗壞，募兵代興，武力爲藩鎮私人所宰制，卒釀巨變，唐代盛況，遂趨沒落。

唐代長安城是八世紀中，世界最大的城市，人口有一百多萬，城址周圍有七十多里，是今日西安市的好幾倍大，可惜歷代戰火影響，古長安遺址已都破壞殆盡。可尋者寥寥無幾，如：大、小雁塔、興慶宮、八仙庵等。（模擬圖片錄自網路）

長安大户人家。

一般平民住家。

大雁塔。

興教寺：為唐代名僧玄奘圓寂之處。

大明宮含元殿復原圖。

大明宮遺址。

興慶宮遺址：唐時玄宗之居處，長安春明門之北，（今西安城東南），是玄宗勤政務本及辦公宴會的所在。

乾元重寶

➤庫車（古稱：龜茲）昭怙厘大寺，又名：蘇巴什佛寺，位於銅廠河西岸，是著名佛寺院，亦是唐代安西都護府轄區內。《水經注．西域記》中載漢代即：「人取此山石炭冶此山鐵，恒充三十六國用。」一直到唐代龜茲一直是西域地區唯一有能力自鑄貨幣的地方。

大曆元寶：（A.D.766）

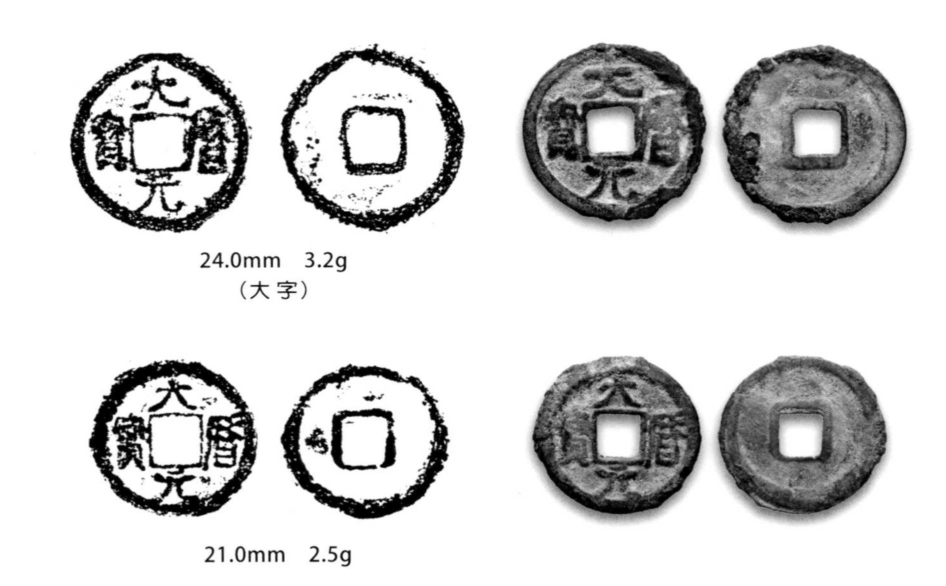

24.0mm　3.2g
（大字）

21.0mm　2.5g

建中通寶：（A.D.781～783）

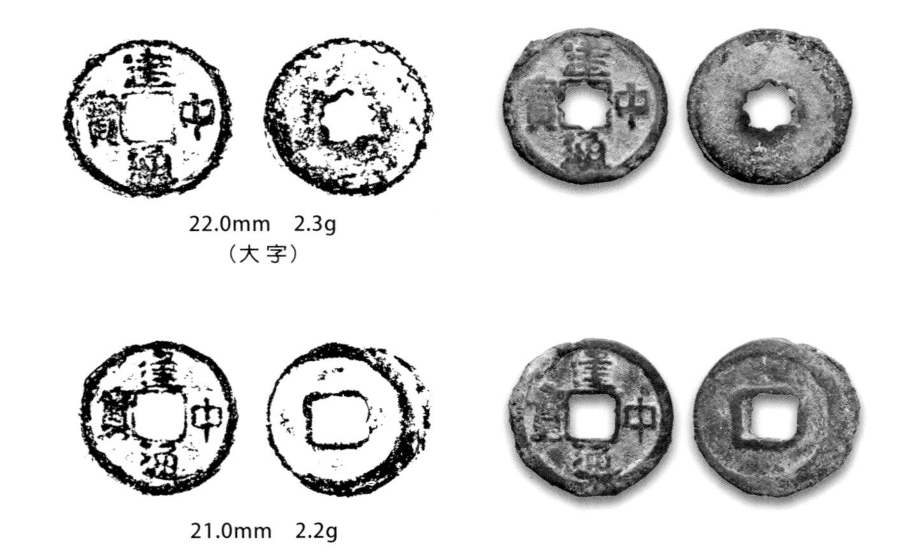

22.0mm　2.3g
（大字）

21.0mm　2.2g

「中」字錢、「元」字錢：（A.D766～783）

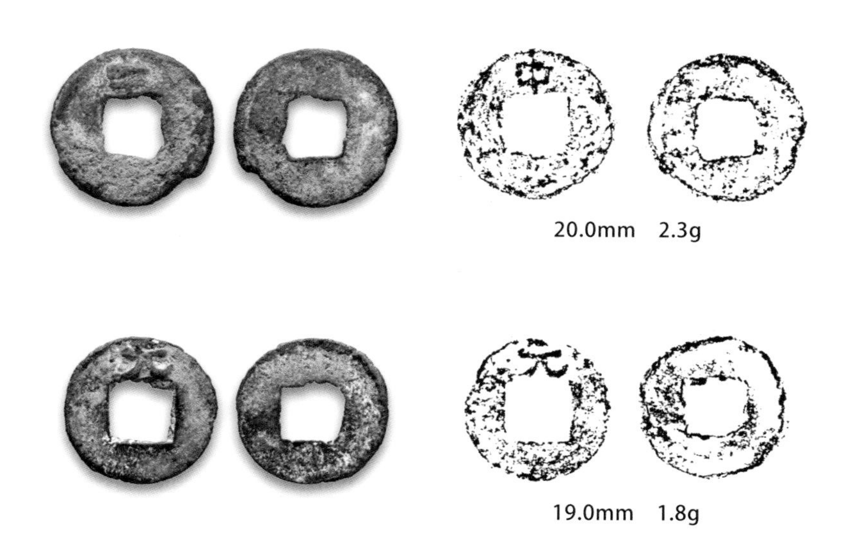

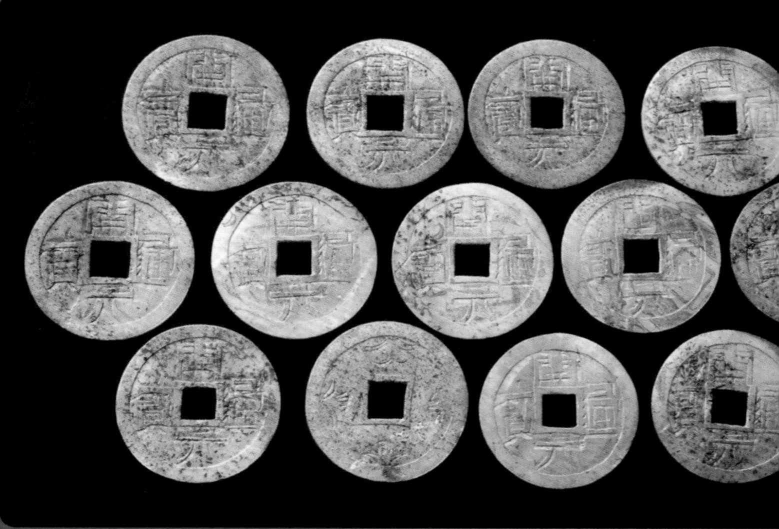

錄自：《中国錢幣大辭典》

CHAPTER 

五代

五代

唐朝經過安、史之亂後，大時代的盛況已成過去。唐昭宗天佑四年（西元 907 年），節度使朱全忠篡唐自立，改國號爲：梁，建都於開封。

朱梁以後，繼起的朝代，分別是唐、晉、漢、周，與梁合稱「五代」，總共歷經五十四年（西元 907 ～ 960 年）。由於歷史上已有蕭衍建的梁，李淵建的唐，司馬炎建的晉，劉邦建的漢，姬發建的周，所以後人在五代國名前，加個「後」字，以避免混淆不清。

五代只是唐代藩鎮的延續，每一朝代的創始者都是軍人，每一朝代的版圖也都是割據形式，主要領域只是黃河下游地區。五代結束於後周。後周恭帝遜位於宋太祖趙匡胤。五代（西元 907 ～ 960 年）十國（西元 891 ～ 979 年）是中國歷史上又一次大分裂時期，這一時期，政治上分裂割據，年年混戰，從無寧日，災難深重。五代被史家稱爲「正統」，在 54 年中，朝代換了五個——梁、唐、晉、漢、周，皇帝換了 14 個。十國情況相同，你搶我奪，互相吞併，亂作一團。經濟上互相依賴，南方接濟北方。當時大戰多在北方關、洛地區，南方較少。南方地區分建許多小國，爲了生存擴張，均勸農發展生產，通商貿易，因而物產豐饒，北方靠南方供應；貨幣上形成多頭幣制及區域性貶值。各國多鑄惡錢，作爲增強本身實力削弱他國的手段。楚、閩、南漢等廣收銅錢金銀，專用鉛鐵雜錢及低質合金錢。北方諸國嚴禁惡錢入境，形成錯綜複雜的貨幣戰。官鑄私鑄，今錢古錢，大小不等，名目繁多。有的互相流通，有的限地區使用。各種鑄幣、金銀器飾、穀帛、泥土等都充當貨幣。

CHAPTER  7

十國

十國

除了五代以外，當時中國的境內，還有許多其他的割據勢力，通稱「十國」。十國係依歐陽修《新五代史》所載，取十個勢力較大的國家，合編爲十國世家而得名。十國也都是由藩鎮演變而成。當朱全忠篡唐時，各地的節度使也相繼自立，建號稱王，先後形成十幾個國家。

十國是指王建的:前蜀，楊行密的:吳，錢鏐的:吳越，王審知的：閩，劉隱的：南漢，高季興的：荊南，馬殷的：楚，孟知祥的：後蜀，李昪的：南唐，劉崇的：北漢。

這十國即不是在同一個時期興起，滅亡的時間先後不一。十國一直到宋朝建國二十年後，才全部被征服；十國中除北漢外，其他九國都在南方，大部份建國時間，要比五代長。南方的長期安定，使政治、文化、經濟日益發達，逐漸超越了北方。

在經濟發展貨幣政策中除沿用舊唐幣制，行用舊唐開元通寶銅錢，另有七個國家曾另鑄新錢，它們是前蜀、後蜀、閩、南漢、燕、楚、南唐等。另外還有契丹、遼、西遼亦有鑄錢。

（張叔馴舊藏）

（戴葆庭舊藏）

（王蔭嘉舊藏）

（孫鼎舊藏）

（蔣伯壎舊藏）

（上海博物館藏）

（方藥雨舊藏）

録自：（關漢亨《中華珍泉追踪録》上海書店出版社）

（徑：32.0mm　重：19.6g）
（2006 年嘉德拍賣品）

（徑：34.1mm　重不詳）
（2016 年嘉德拍賣品）

（陶笵）
（2015 年上海泛華拍賣品）

後記：

天德重寶背殷大銅錢，舊譜摘錄數枚，近年來拍賣公司也曾多次多枚出示拍賣，價格不菲。有學者對這些大銅錢有質疑，所執理由是閩大錢有：開元通寶、永隆通寶等，出土的都是鐵錢和鉛錢，未曾見過天德重寶背殷的大鐵錢及大鉛錢。何來這麼多的大銅錢呢？大銅錢應該是當作母錢用途，故稀少。有母錢必然會鑄有鐵、鉛錢才對，為何沒有？這是懷疑的理由，這樣說法似乎有道理。希望有進一步的考古出土資料來支持及科學驗證。

（徑 33.0mm　11.8g）（2007 年嘉德拍賣品）

（錄自：古泉園地）

開元通寶：（A.D.943～）

南唐元宗李璟西元 943 年左右所鑄的。錢文字小，外郭闊，徑 2.4 厘米，重 3.1～3.5 克，這是它和唐開元通寶不同的地方；而且它有篆隸兩種書體，成對錢。後來北宋盛行對錢，就是模仿南唐的。

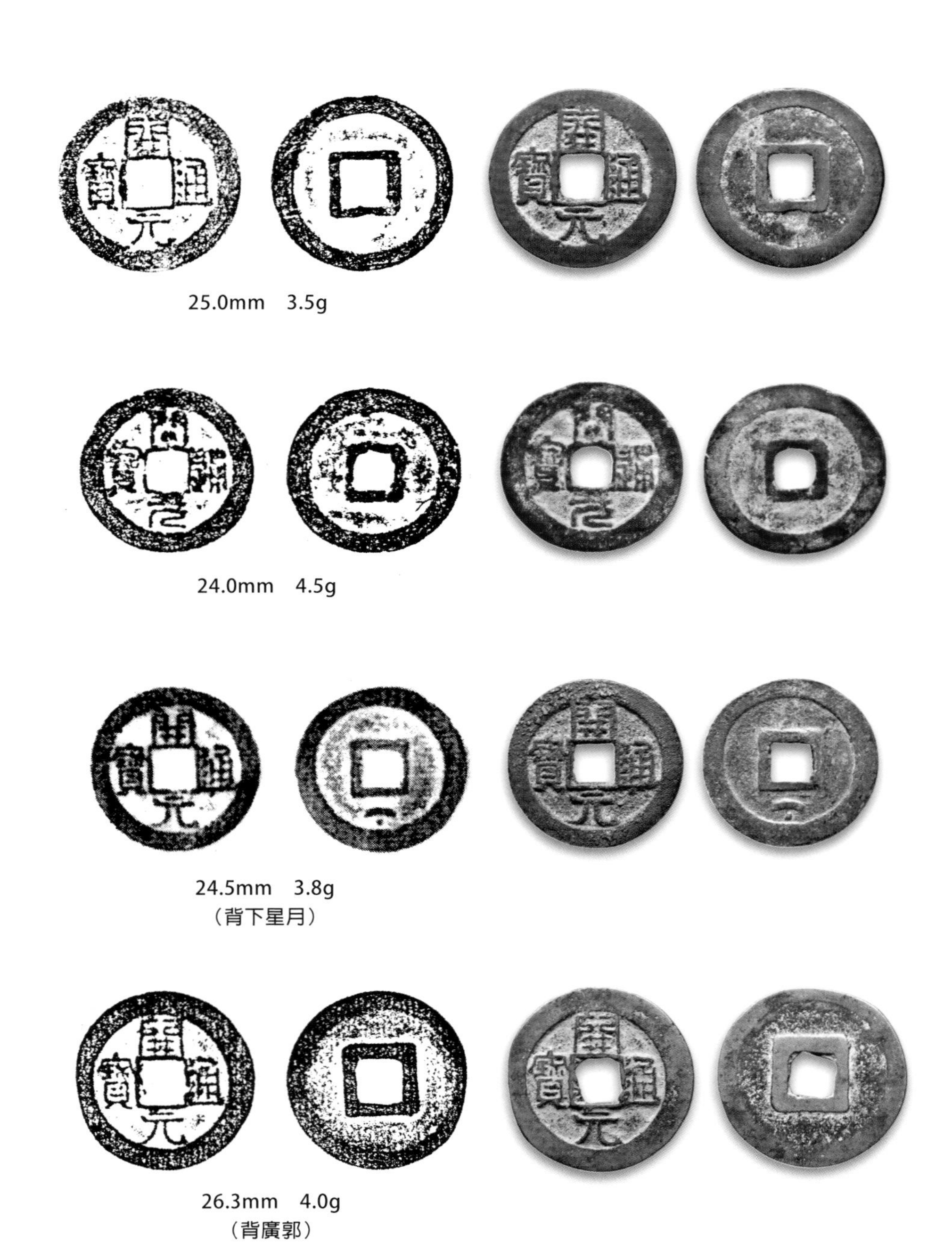

25.0mm 3.5g

24.0mm 4.5g

24.5mm 3.8g
（背下星月）

26.3mm 4.0g
（背廣郭）

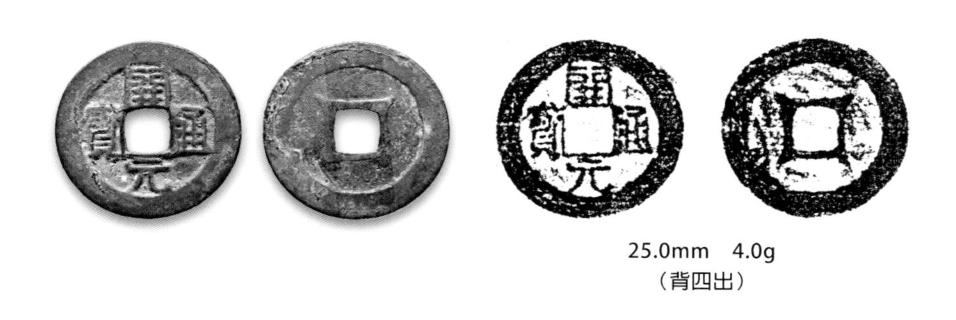

25.0mm　4.0g
（背四出）

 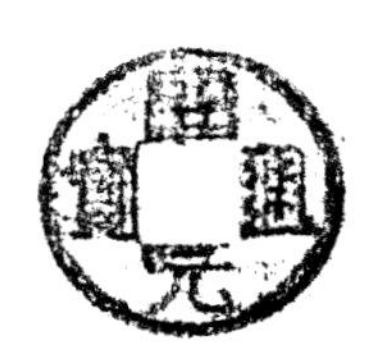  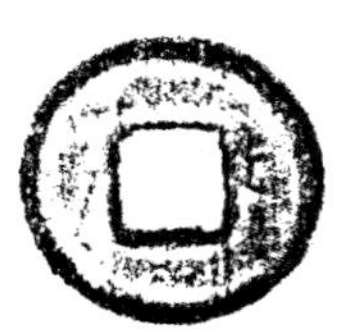

19.5mm　1.5g

19.5mm　2.1g

當十型：

 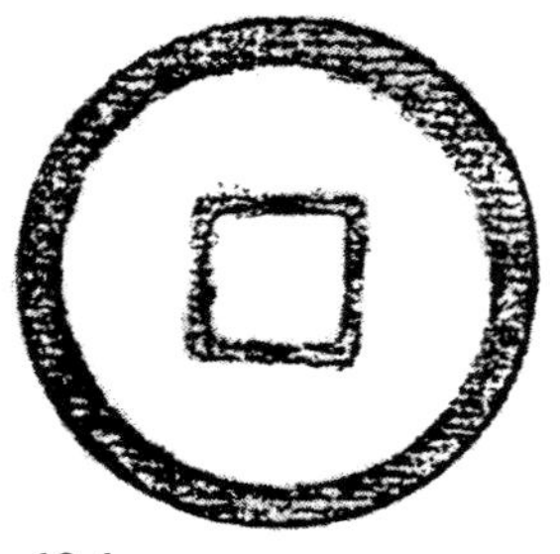

42.0mm　12.4g
（錄自：中国古泉大集）

永通泉貨：（A.D.959）

南唐元宗李璟交泰二年（西元 959 年）所鑄大錢。一以當十，質為紅銅，面背均好，皆有周郭，闊緣，對讀，有隸篆兩種，及近年蕪湖出土的鐵錢。隸書錢文「永」字由二水組成，又稱永二水；篆書錢，有闊緣，窄緣之分，均為光背，「永通泉貨」製造僅半年，存世量甚少。

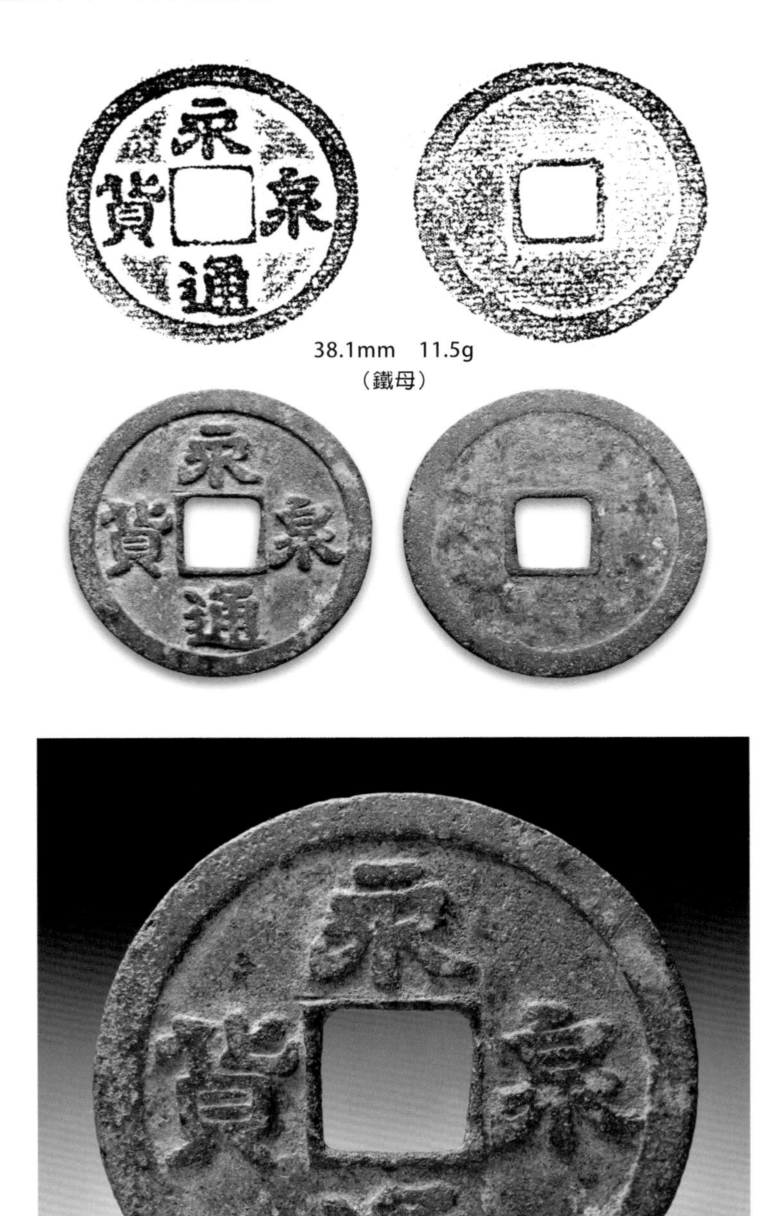

38.1mm　11.5g
（鐵母）

25.0mm　4.5g
（背上星・異版）
（珍 42）

24.0mm　3.9g
（背上月）

18.5mm　1.9g

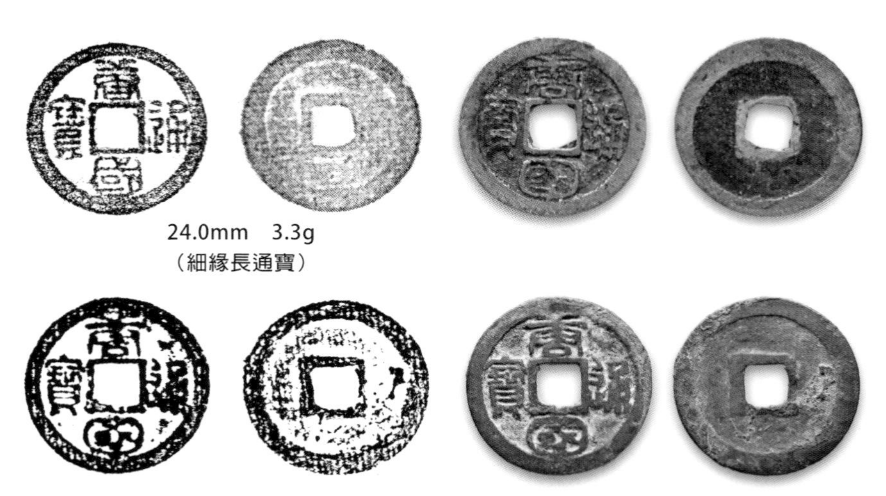

24.0mm　3.3g
（細緣長通寶）

25.0mm　3.4g
（寄 郭）

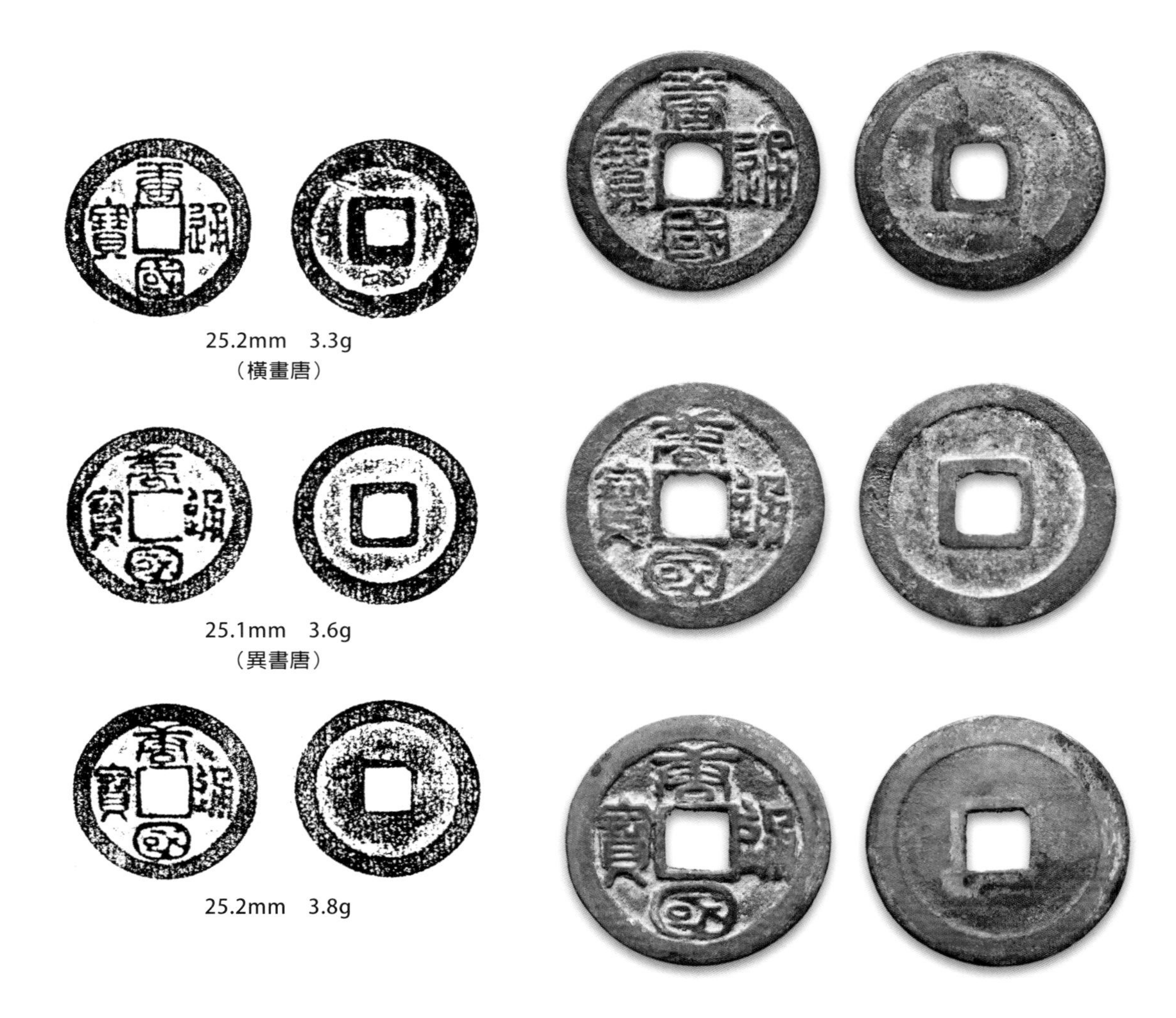

25.2mm　3.3g
（橫畫唐）

25.1mm　3.6g
（異書唐）

25.2mm　3.8g

◂（鎏金　重 40.2g）
（上海博物館藏）

▾（徑 42.5mm 重不詳）
（2016 年嘉德拍賣品）

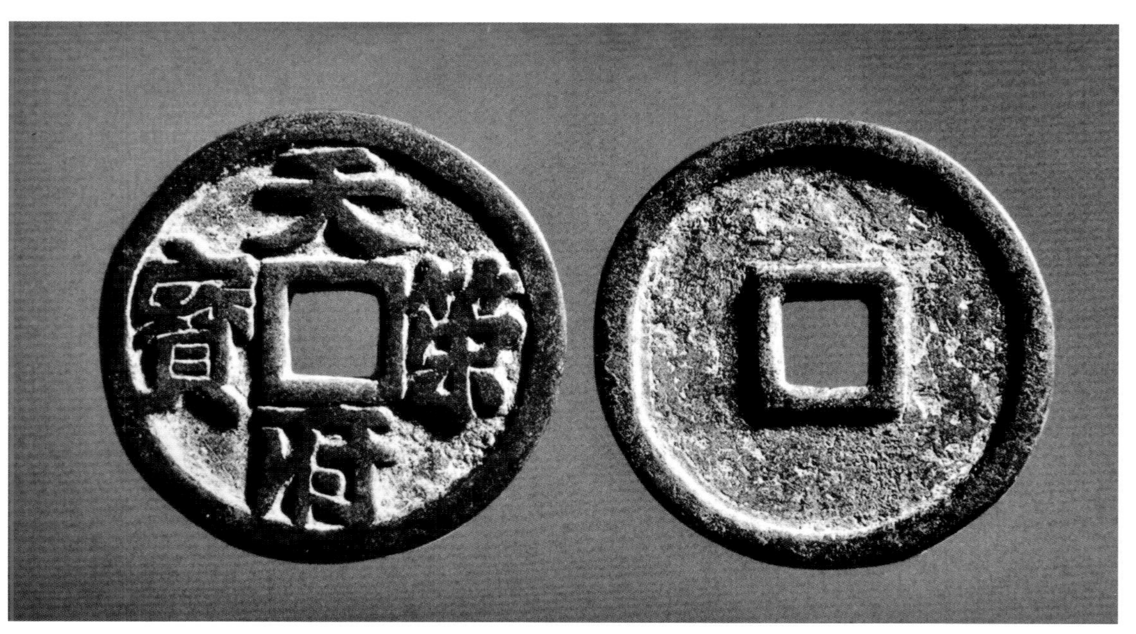

（徑 41.3mm　重不詳）（2016 年上海泛華拍賣品）

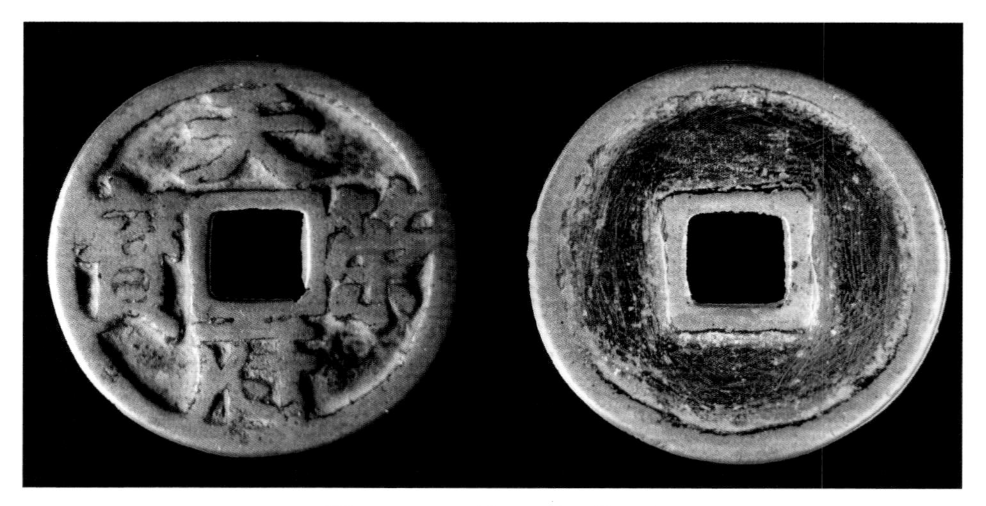

（徑 41.1 mm　重 32.5g）（珍 44）

（珍 45）

乾元重寶：（A.D.912～）

馬殷時鑄，有大小數品，文字形制與天策府寶、乾封泉寶大錢接近。此大錢爲方藥雨舊藏，孤品。又有小平鉛錢及鐵錢。

（錄自：歷代古錢圖說）

（徑 42.0mm 重不詳）（嘉德 2014 年拍賣品）

乾封泉寶：（A.D.912 ～ 951）

楚是茶葉產地，必須保持北方的銷地，楚國不征商稅，借以招來四方商賈，境內使用鐵錢，借以推銷本地特產出境。歷史上發行鐵錢取得成功者不多，馬殷可謂首例，他對商人採取保護政策，允許以契卷交易，解決了鐵錢體重不便攜帶的困難，又不收商稅，於是四方輻輳，各地商賈運貨進湖南，易得的鐵錢因出境不能使用，所以換成當地土產，這無異是加快了商品的流通速度，使公家專營的絲茶業獲得了厚利，致一方富盛。作爲貧弱國用這種方法來取得利益，自然不敢輕易發動戰爭。

《十國春秋》：「同光三年（西元 926 年），用都軍判官高郁策，鑄鉛錢，以十當銅錢一，已又鑄鐵錢，圍六寸，文曰『乾封泉寶』，用九文爲貫，以一當十，其文自上而右，而下而左，獨『泉』字作篆文。」

按此錢有銅鐵二種，背各有「天」「天府」「策」「天策」等字，蓋取天策府之義。

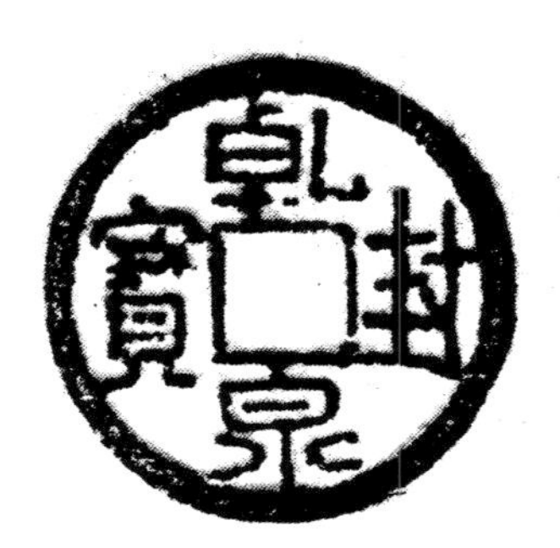

37.5mm　22.1g
（銅 . 背天）

燕

劉仁恭父子的鑄幣

燕爲劉仁恭所創，是都幽州（今北京），但燕二傳劉守光稱帝後不久即亡於後唐，未遂僭僞之志，故史家擯之於十國之外。

史稱劉仁恭以墐泥作錢，令部內行使，盡歛錢於大安山巔，鑿穴以藏之，藏畢，即殺匠以滅其口。鄭家相：「永安錢，昔日僅見『一千』『一百』兩種，前賢議論不一，倪氏《錢略》屬西夏，戴氏《叢話》屬南唐，初氏《吉金錄》及李氏《泉匯》屬北涼沮渠蒙遜。然皆非也，近來在居庸關附近大王山下出土古錢甚多，『永安一千』『五百」『一百』『一十』，銅鐵皆有之，又鐵『順天元寶』大者背上『月」下『千』。小者背上『月』下『百』，及鐵『貨布』背『二百』，鐵『五銖』仿隋制，皆同地所出。按大王山即大房山，在房山縣西，亦曰大防山，亦曰大安山爲劉仁恭建觀煉丹之所，至其子守光據燕之時，適十國盛行鐵錢之秋，此錢之鑄當屬劉守光無疑，且其先後出土不出順天府以外，更其明證；若屬西夏，則遼時已稱古錢，時代不符，若屬南唐，則出土盡在北方，地點不合，若屬北涼，則在六朝，無此制作或曰貨布莽制，應屬新莽。五銖隋制，應屬隋代。順天爲史氏年號，應屬史氏，今同地出土何耶？曰：史氏既鑄銅錢，未聞更鑄鐵錢，且鐵『順天』背『百』背『千』，而與『永安』面文之制同，當劉氏據燕，時在史氏之後，史氏之錢，尙行於燕地，劉氏仍其文而更鑄鐵錢，以便行用，背著『百、千』以示其值，亦所以示別也。至其仿莽制而鑄鐵貨布，仿隋制而鑄鐵五銖。一爲補平鐵之不足，一爲濟一百、五百間之不易周轉也，然而幣制至此紊亂極矣。」

另「應聖元寶」「乾聖元寶」「應天元寶」等錢，近代錢幣學家認定爲劉守光所鑄，因劉守光有應天年號，西元 911 年是其元年。

（圖：天眷堂 提供）

（錄自：歷代古錢圖說）

（徑 33.5mm 重不詳）（2006 年嘉德拍賣品）

（錄自：歷代古錢圖說）

（圖：天眷堂 提供）

（録自：歷代古錢圖說）

永安錢：（A.D.907 ～ 910）

永安錢鑄有「永安一十」「一百」「五百」「一千」，銅、鐵都有。

永安一十
（方藥雨 舊藏）

（銅 . 徑 28.8mm　重不詳）
（2014 年上海崇源拍賣品）

永安一百 徑 31.0mm　重 16.6g
（上海博物館 藏）

（銅 . 徑 31.5mm　重不詳）（2015 年嘉德拍賣品）

（吉田昭二　舊藏）

永安五百
（方藥雨 舊藏）

（銅 . 徑 39.0mm　重不詳）（2007 年嘉德拍賣品）

鐵貨布：

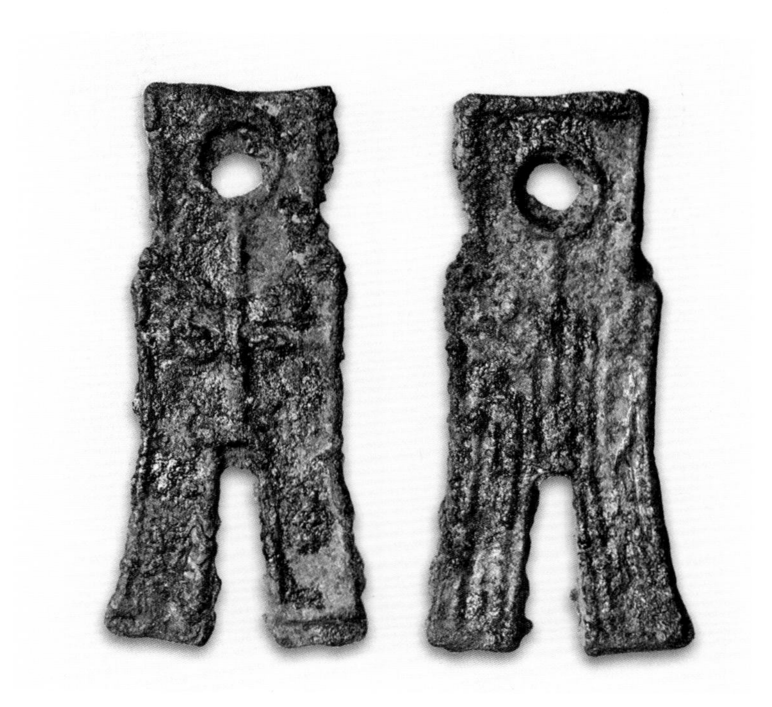

◂（數據不詳）
（2005 年嘉德拍賣品）

◂（2011 年上海崇源拍賣品）

CHAPTER 

隋唐時期 絲路上的貨幣

隋唐時期絲路上的貨幣

「絲綢之路」是指因絲綢貿易而開辟的古代中國和西方各國之間經濟往來和文化交流的通道。最早起於西漢武帝時張騫通西域，時稱「鑿空」，雖然當時的目的是政治性的。爾後，此段路線卻成了東西往來的孔道，它不是一條平坦，筆直的大道，它沿途山川阻隔，流沙橫臥，雪山聳立，路險崎嶇，風雲突變，山賊土匪搶掠時有所聞，非要有超人的毅力和耐力是不足經營此道貿易。六世紀有兩個景教徒把中國的蠶卵裝在竹管中帶到君士坦丁堡，於是造絲的祕密被拜占庭帝國知道了，以後就不完全靠中國的供應了，絲綢之路的貿易直至五代、宋才沒落。它東起中國洛陽、長安經河西至敦煌再分北道、中道、南道。

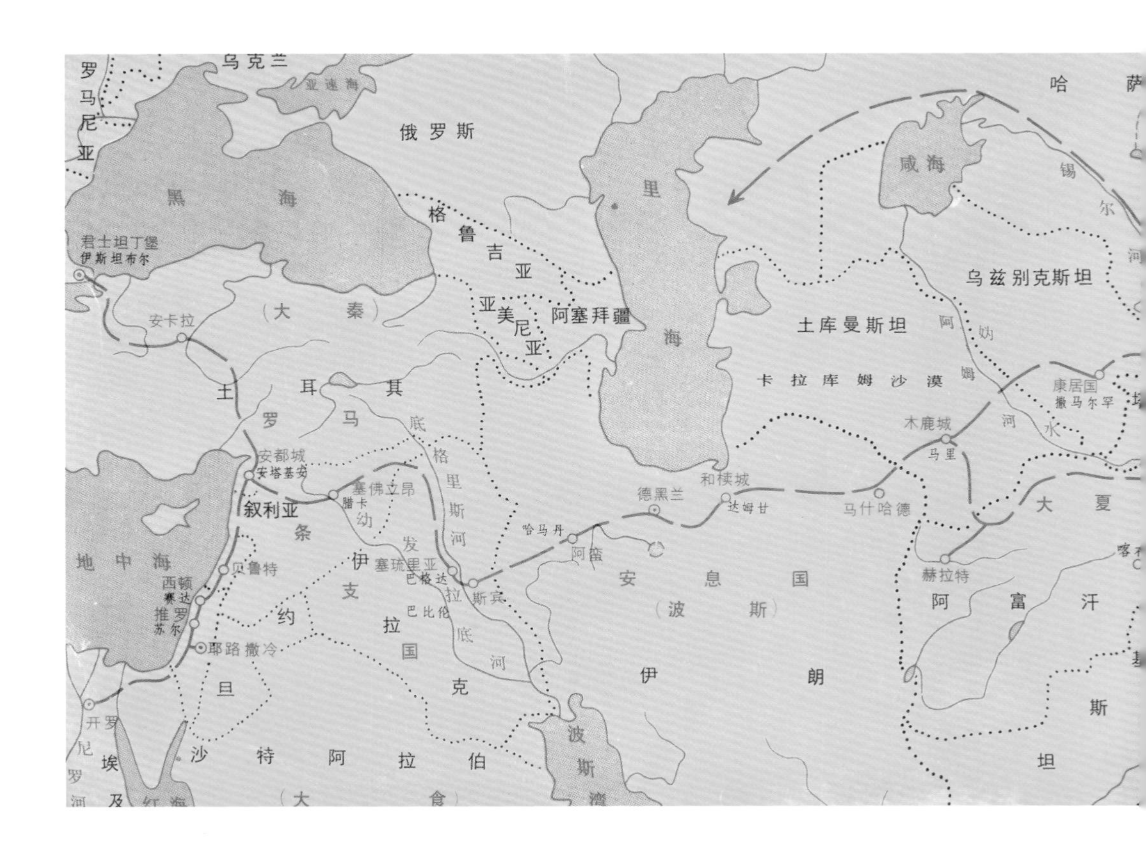

北道：經由現今新疆的北邊伊犁越蔥嶺入今哈薩克共和國的阿拉木圖再往西至碎葉城（托克馬克）入江布爾沿錫爾河邊至裏海東止；中道：經由喀什西至大宛（費爾干納）到康居（撒馬爾罕）入波斯轉至東羅馬；南道：由若羌、于闐（和田）莎車入大夏國至波斯轉鈙利亞至羅馬。

絲綢之路的外國貨幣在紀元初，便和中外物質的交流而流入中國。主要是東羅馬（拜占庭）和波斯薩珊王國的錢幣，東羅馬幣制是以金幣爲主，這是繼承羅馬帝國的傳統，特別是君士坦丁的索里杜斯（Solidus），普通叫作比占（BoZant），每枚重約 4 克左右。薩珊銀幣是承繼安息的德拉克馬，形制大而薄，正面有帝王肖像，背面爲火壇和祭司，每枚重約 4 克左右。這兩種金銀幣及少數阿拉伯銀幣（大食國銀幣），這由近幾十年的發掘可以證實；尤其薩珊銀幣出土量更是驚人，如 1991 年洛陽郊區一次就出土 200 多枚。

在五胡十六國的時期，由於市場上錢幣的缺乏，金、銀的使用大幅的增加。北周時，河西各郡公開使用西域的金、銀幣，政府不加禁止。《隋書・食貨志》「河西諸郡式用西域金銀錢，而官不禁」，在當時一定是一件普遍的事。

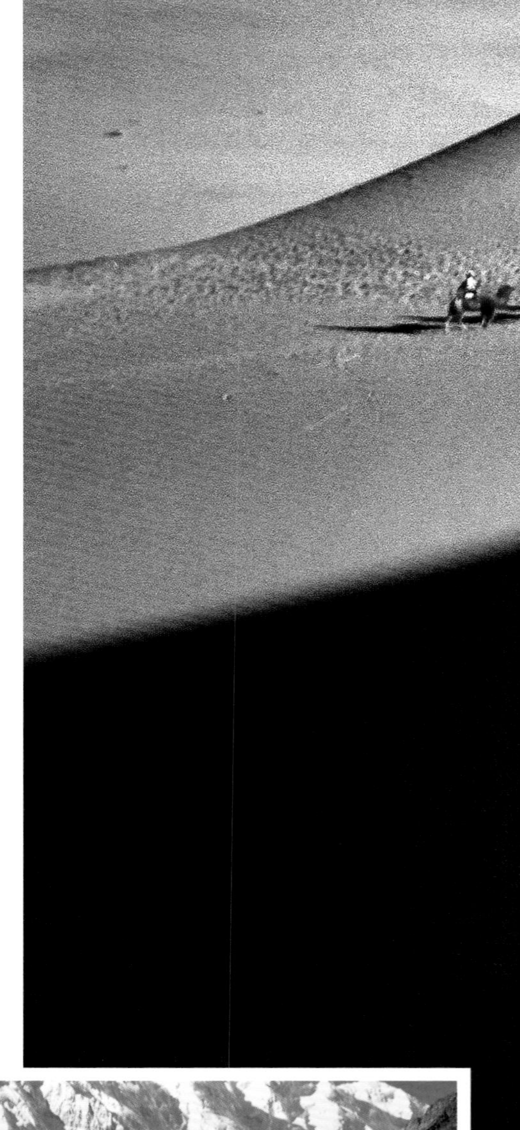

金、銀錢的流通，雖然不是根據政府的貨幣立法，因此我們不能說它們是貨幣制度中的構成因素；但它們的貨幣性，價值性，應不下於金、銀餅或金塊、銀鋌。

另一原因是絲綢之路貿易特性，歐亞大陸的商業從一開始就不是地方性的貿易，而是在輸出貿易影響下發展出來的，這種國際貿易的目標是高利潤的中國絲綢、印度香料、阿拉伯和地中海的珠寶珍異、而不是貨幣本身。同時這種交易的巨大規模，國際化和商品的高價值，（如：西元六世紀查士丁尼執政時，每磅中國絲綢在東羅馬帝國價值黃金33.4克，狄奧多西拉皇后時，每磅中國絲價值高達297.36克）也不可能與大量的低值銅幣作支付手段。

至於金、銀的比價，東羅馬的金銀比價是1：11.4。中國當時比價是1：5。維持兩漢的比價。至唐時西域乃普遍使用波斯薩珊銀幣，它和唐朝標準貨幣「開元通寶」的比價如何？據出土文獻「武周如意元年（西元692年），里正季黑收領史玄政長行馬價抄」上說：「史玄政付長行馬價銀錢貳文，准銅錢陸拾肆文」這就是說一枚波斯銀幣值「開元通寶」參拾貳文。（參閱：彭信威《中國貨幣》上海人民出版社）

▲ 沙漠行走中的商旅。

◀ 當今奔馳在亞州大道（舊絲路）上的汽車商隊。

龜茲五銖

龜茲位居絲道北路要衝，豐富的物產資源和有利的地理位置，使它得以廣泛吸收融匯各地的優秀文化。從而使傳統的半封閉式的綠州經濟解體，代之而來的是開放型的經濟，同時也使它增強了對外擴展的實力。西漢初，龜茲國有人口八萬多，勝兵二萬多人，彊域僅爲今庫車、新和、沙雅、拜城四縣之地。西漢末，它兼併了東鄰的輪台、烏壘兩國之地。東漢初曾一度控制疏勒、莎車。尤其是二世紀後，龜茲作爲此道上霸主的地位得到鞏固；它兼呑了姑墨、溫宿、尉頭三國之地，形成「東西千餘里，南北六百餘里」的城邦大國。

佛教東傳後，龜茲即成爲北道上的佛教傳播中心。四世紀時，龜茲有佛塔廟四所，成爲蔥嶺以東諸國仰慕的佛國大國，享有盛譽的龜茲，佛教藝術和樂舞已脫穎而出；尤其是龜茲僧人鳩摩羅什的譯經活動，對佛教文化的傳播和發展產生重大影響。

《北史・西域傳》載龜茲「賦稅，准地征租，無田者則稅銀」。《魏書・西域傳》並記載有龜茲「置女市，收男子錢以入官」。貞觀初，西行的玄奘目睹了龜茲市場流通的貨幣情況，記載了屈支（即龜茲）「貨用金錢，銀錢，小銅錢」的史實。（張平：〈龜茲地方鑄幣的考古發現與研究〉新彊金融，1991 年增刊 .2）

龜茲古城遺址又稱：皮朗古城，在漢代稱：延城，唐代稱：伊羅盧城，均為龜茲國都城，位於現在庫車縣城內。

代在陝西西安市何家村唐代皇家金銀器窖藏中發現一枚，與東羅馬金幣、波斯銀幣、日本錢『和同開珎』共同出土，足以說明此錢在古代絲綢之路上的重要地位。然而，長期以來竟然無人通曉這枚古錢上銘文的眞實含義。高昌吉利錢銘文之『吉利』並非來自漢語『吉祥如意』，而是來自突厥語官銜『吉利發』，也即西突厥冊封給高昌王的封號，這與高昌地區特有的民族構成及其文化特點有關。」

◀ 作坊區。

◀ 城內北部的宮城遺址，是王室及寺院所在地，該寺院唐玄奘曾在此講經。

▲ 交河故城。

◀▶ 高昌城北口，附近目前仍然有居民村落。

高昌吉利：

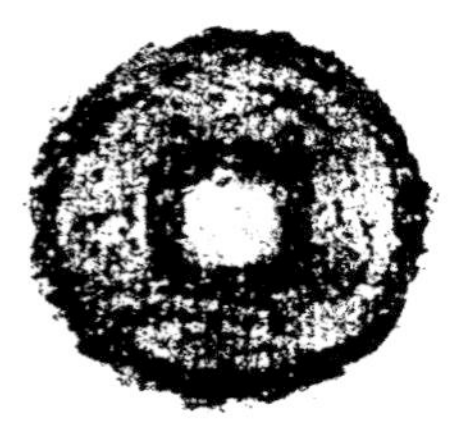

27.5mm　11.0g

（珍 46）

突騎施錢

「突騎施錢」是突騎施汗國的鑄幣。首領稱突騎施賀邏施啜，由突騎施、車鼻施、處木昆三姓組成。

西元 657 年　唐滅西突厥汗國後，即逐漸勢盛，其歷代可汗皆受唐冊封。

西元 690 年　首領烏質勒即位「攻得碎葉，即徙其牙居之，謂碎葉川爲大牙。弓月城，伊麗水爲小牙」。碎葉是突騎施主要政治中心。弓月城在今新疆伊寧市，伊犁河流域的吐魯番圩孜。基本上接管了唐朝濛池都護府領疆。

西元 709 年　唐冊立娑葛爲賀臘毗伽十四姓可汗。賜名「突騎施守忠」。

西元 711 年　西征，娑葛戰歿。

西元 715 年　車鼻施酋長蘇祿再建突騎施汗國。

西元 735 年　唐與突騎施之間發生衝突，削弱了突騎施汗國。

西元 738 年　蘇祿死後，汗國又爆發了黃，黑二姓之爭，國勢益衰。

西元 757 年　葛邏祿（黑汗朝的立國者）興起，突騎施汗國亡。併入葛邏祿爲其屬部。

（黃志剛〈突騎施錢〉新疆錢幣 1996.1）

◀ 粟特人雕像
（集美博物館藏）

▲ 吉爾吉斯（Kyr ghyz Republic）此地是漢朝時大宛國的一部份，見《史記 大宛傳》「……大宛在匈奴西南，漢正西。去漢可萬里。其俗土著，耕田，田稻麥。有蒲陶酒，多善馬。馬汗血，其先天馬子。……」

▼ 阿拉阿查冰河是吉爾吉斯天山山脈的一部份，附近峽谷終年積雪，越過山嶺往東，就進入中國新疆。

◀ 此地在唐朝稱：安西都護府的碎葉城。玄奘《大唐西域記》中稱：素葉城。是詩人李白的故鄉；還有一位大人物，就是漢朝李陵將軍戰敗投降匈奴，被送到這兒居住，此地有人自稱是李陵的後代，從輪廓膚色上來看，的確接近漢人。

▲ 米爾阿拉伯神學院，建立於 1536 年是中亞地區最大的神學院之一。

▲ 阿拉巴特 馬立克驛站：
是古代絲路上重要驛站，位於布哈拉和撒馬爾罕途中。

▲ 布哈垃，中國古稱「不花剌」是絲路中段上極為重要的商業和宗教中心。烏茲別克人十六世紀在此建立了布哈拉王朝。

▲ 伊賽克湖：
是世界第二大高山湖，面積達 6230 平方公里，中國古書稱：熱海或大清池，它跨吉爾吉斯與哈薩克間，四周大山環繞，匯集天山山脈流下的雪水，終卻不結冰，而有「熱海」之稱。

➤ 天馬、汗血馬：
《漢書．西域傳》「言大宛國有高山，其上有馬不可得，因取五色母馬置其下與集，生駒，皆汗血，因號曰『天馬子』云。」

▲ 希瓦古城（Khiva）：
是歐亞大道上的中心。傳說中希瓦是諾亞（《聖經》諾亞方舟故事）的兒子「閃」，在此地發現一座井而命名的。這裡曾是絲路支線前往裏海及伏爾加河流域的貿易站，也是著名的奴隸交易城市。至今尚有三千多百姓居住城內外。

▲ 城内鑄幣廠的摸擬像，反映希瓦城早年的經濟相當活絡。

ORNAMENTAL
PAINTING

▲ 王者出行圖：（新疆吉木薩爾北庭回鶻佛寺遺址）
十世紀繪，圖中雙腳橫坐於白象背上的是國王，全副鎧裝，頭後有圓形頂光；前後簇擁衆騎士，腰間掛佩劍和弓箭，雙手合持長傘或旌旗；坐騎鞍轡齊備，行進於山巒草地間。

➤ 西州回鶻九世紀後遷都於高昌，其王阿薩爾獅王，在高昌遺址的寺廟內，僅存寥寥無幾的壁畫上，隱隱約約的可見到一對獅子對立而站的圖案，就是回鶻王的族徽。

（新疆吉木薩爾北庭回鶻佛寺遺址）

巴里坤草原，位於新疆哈密西北，是西州回鶻時主要牧場，現今依然是巴里坤哈薩克自治縣內最佳牧場。

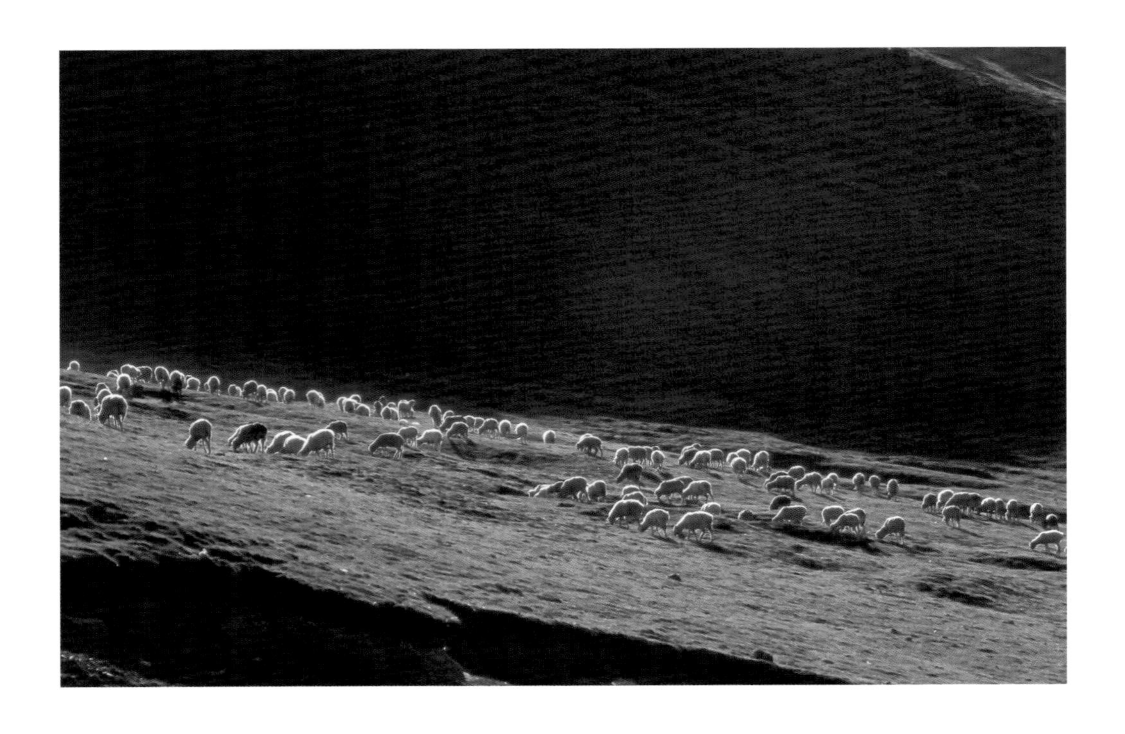

開元通寶

國家圖書館出版品預行編目資料

隋唐五代貨幣通覽 / 蔡啓祥著. -- 初版. -- 臺北市：蘭臺出版：博客思發行， 2019.1
面： 公分.--（考古文物：9 ）
ISBN 978-986-5633-75-2（精裝）

1.貨幣史 2.隋唐五代

561.092 107021219

考古文物 9

隋唐五代貨幣通覽

作　　者：蔡啟祥
編　　輯：張加君
美編設計：涵設
出 版 者：蘭臺出版社
發　　行：博客思出版事業網
地　　址：台北市中正區重慶南路一段121號8樓之14
電　　話：(02)2331-1675或(02)2331-1691
傳　　真：(02)2382-6225
E-MAIL：books5w@gmail.com或books5w@yahoo.com.tw
網路書店：http：//bookstv.com.tw/、http：//store.pchome.com.tw/yesbooks/
　　　　　華文網路書店、三民書局
　　　　　博客來網路書店 http：//www.books.com.tw
總 經 銷：聯合發行股份有限公司
電　　話：02-2917-8022　　傳　　真：02-2915-7212
劃撥戶名：蘭臺出版社 帳號：18995335
香港代理：香港聯合零售有限公司
地　　址：香港新界大蒲汀麗路36號中華商務印刷大樓
　　　　　C&C Building, 36,Ting, Lai, Road, Tai,Po, New,Territories
電　　話：(852)2150-2100　　傳　　真：(852)2356-0735
經　　銷：廈門外圖集團有限公司
地　　址：廈門市湖里區悅華路8號4樓
電　　話：86-592-2230177　　傳　　真：86-592-5365089

出版日期：2019年1月 初版
定 價：新臺幣1000元整
ISBN：978-986-5633-75-2 (精裝)

版權所有・翻印必究